北京华文学院 编

图书在版编目（CIP）数据

幼儿汉语　第2册/北京华文学院编. —广州：暨南大学出版社，2004.12
ISBN 7-81079-195-8

Ⅰ.幼…
Ⅱ.北…
Ⅲ.汉语—儿童教育—对外汉语教学—教材
Ⅳ.H195.4

中国版本图书馆CIP数据核字（2002）第090032号

监　制：中华人民共和国国务院侨务办公室
（中国·北京）
监制人：刘泽彭
电话/传真：0086-10-68320122

编写：北京华文学院
（中国·北京）
电话/传真：0086-10-68310837

出版/发行：暨南大学出版社
（中国·广州）
电话/传真：0086-20-85221583

印刷：东港股份有限公司
2003年1月第1版　　2016年7月第20次印刷
787mm×1092mm　1/16

编写说明

《幼儿汉语》是中华人民共和国国务院侨务办公室、中国海外交流协会委托北京华文学院编写的一套幼儿汉语教材。本教材既可作为海外4～6岁学前班、幼儿园华裔少儿的课堂教学用书，也可作为家庭自学教材使用。

《幼儿汉语》作为《汉语》系列教材的学前部分，共包括课本4册，《教师参考书》1册。《教师参考书》对课本的使用做了有益的提示，对课文内容进行了有机的扩展，配合使用效果最佳。

本教材的教学目的是通过系统的学习和训练，使少儿具有最基本的汉语听说能力；能正确书写汉字的基本笔画；能认读课本中出现的基础汉字，从而培养海外少儿从小说汉语、写汉字的习惯和兴趣，为接受小学阶段的华文教育打下良好的基础。

本套教材首次推出，期盼海外广大使用者不吝赐教，以期再版时修订。

编　者

2002年7月

主　　编： 彭　俊

副 主 编： 陈　默

编写人员： (以姓氏笔画为序)

孔雪梅　邵力敏　吴向华　陈　默　彭　俊

责任编辑： 李　战　陈鸿瑶

美术编辑： 陈　毅

目　录

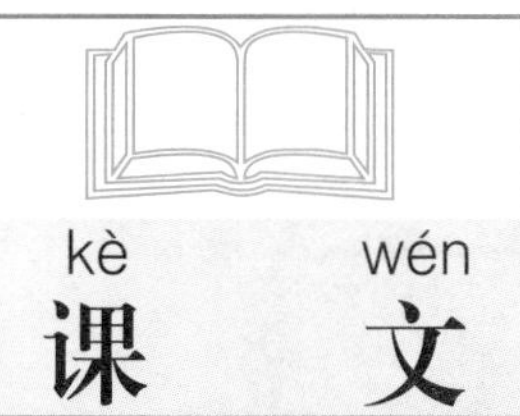

kè wén
课 文

1 zhè shì diàn nǎo
这是电脑

zhè shì diàn nǎo ma
这 是 电 脑 吗 ？

zhè shì diàn nǎo
这 是 电 脑 。

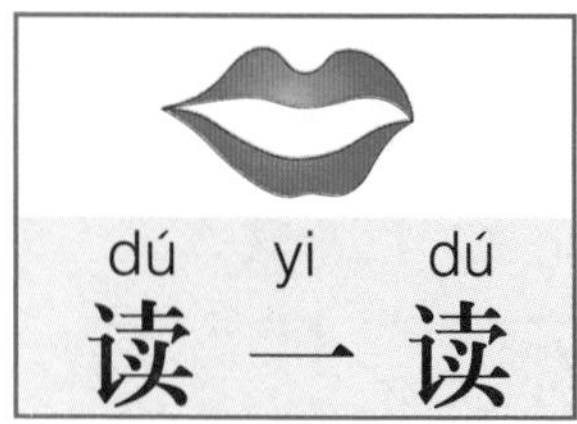

dú yi dú
读一读

zhè shì diàn nǎo
这是电脑。

diàn shì
电视

diàn huà
电话

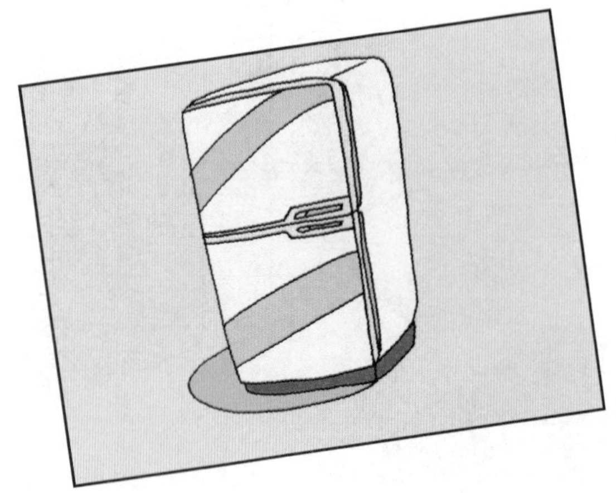

bīng xiāng
冰箱

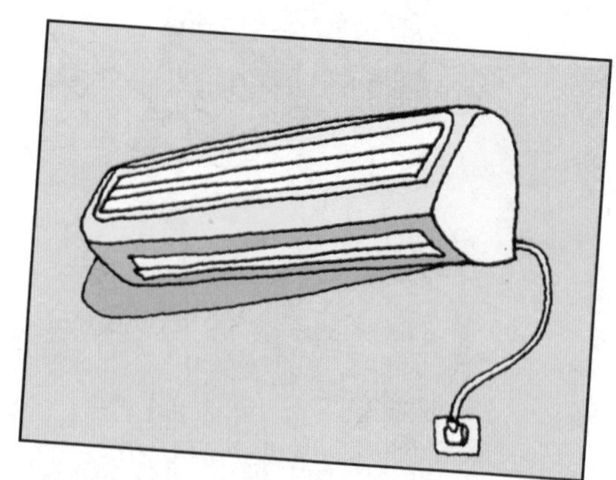

kōng tiáo
空调

1 这是电脑

zhè shì diàn nǎo

说一说

shuō yi shuō

zhè shì diàn nǎo ma
A：这 是 电 脑 吗 ？

zhè shì diàn nǎo
B：这 是 电 脑 。

①

②

③

④

huà yi huà
画一画

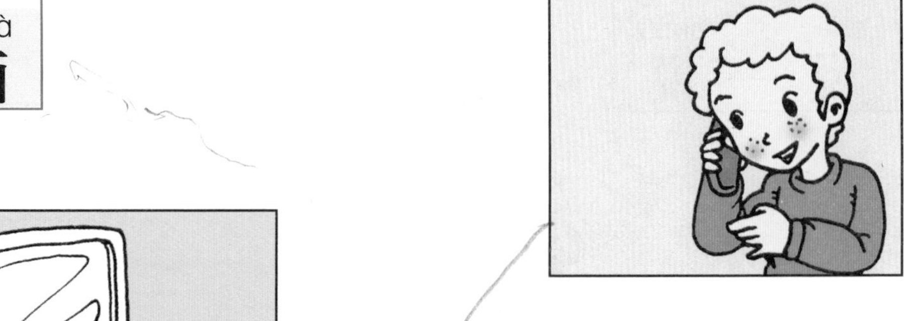

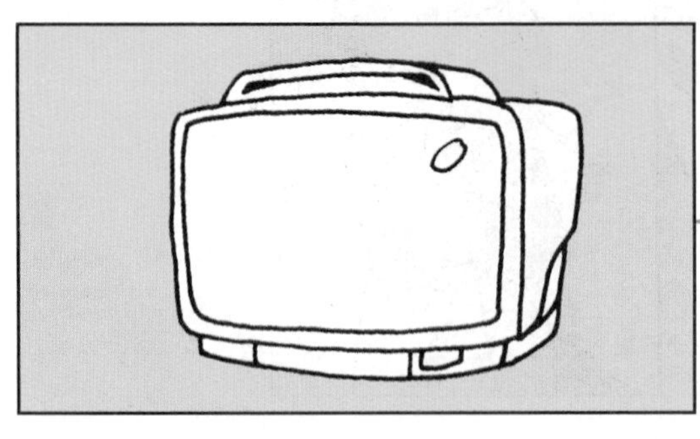

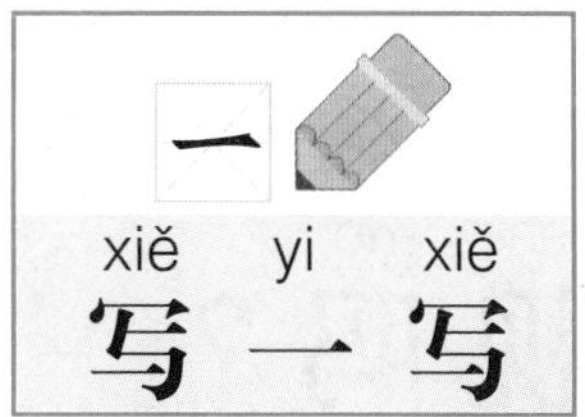
一
xiě yi xiě
写一写

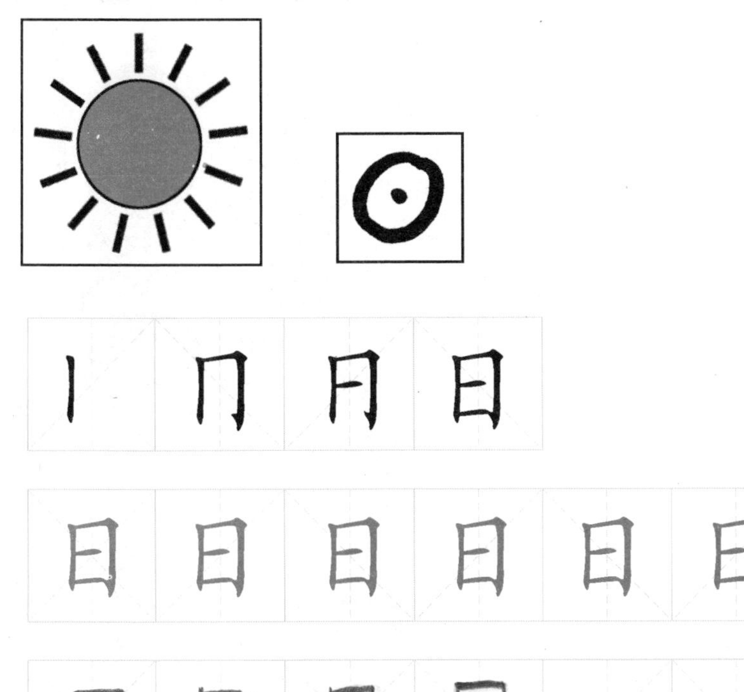
日
日 日 日 日 日 日 日

kè táng huó dòng
课堂活动

zhè shì diàn shì ma
这是电视吗？

dǎ diàn huà
打电话

xīng xing xīng xing mǎn tiān sǎ
星星星星满天撒，

wǒ hé xīng xing dǎ diàn huà
我和星星打电话。

xiǎo xīng xing nǐ hǎo a
小星星"你好啊"，

xiǎo péng you nǐ hǎo a
小朋友"你好啊"，

tiān kōng a tā hěn dà
天空啊它很大，

zhǎng dà wǒ yào lái guān chá
长大我要来观察。

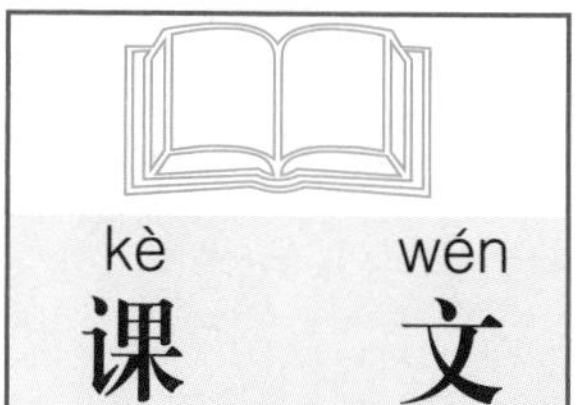

2 那是什么
nà shì shén me

nà shì shén me
那是什么？

nà shì xióng māo
那是熊猫。

cháng jǐng lù
长颈鹿

wū guī
乌龟

shé
蛇

xióng māo
熊猫

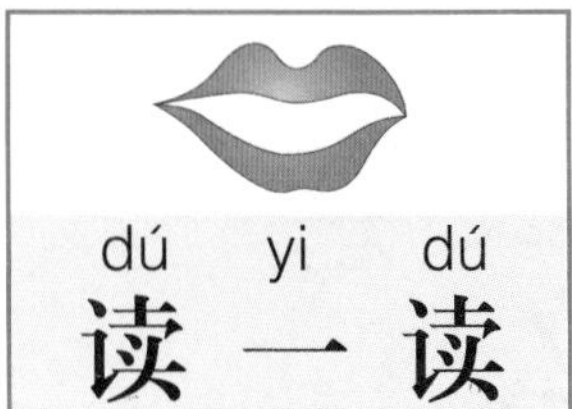

dú yi dú
读一读

nà shì xióng māo
那是熊猫。

dà xiàng
大象

hóu zi
猴子

xiǎo gǒu
小狗

tù zi
兔子

nà shì shén me
A：那 是 什 么 ？

nà shì xióng māo
B：那 是 熊 猫 。

①

②

③

④

huà yi huà
画一画

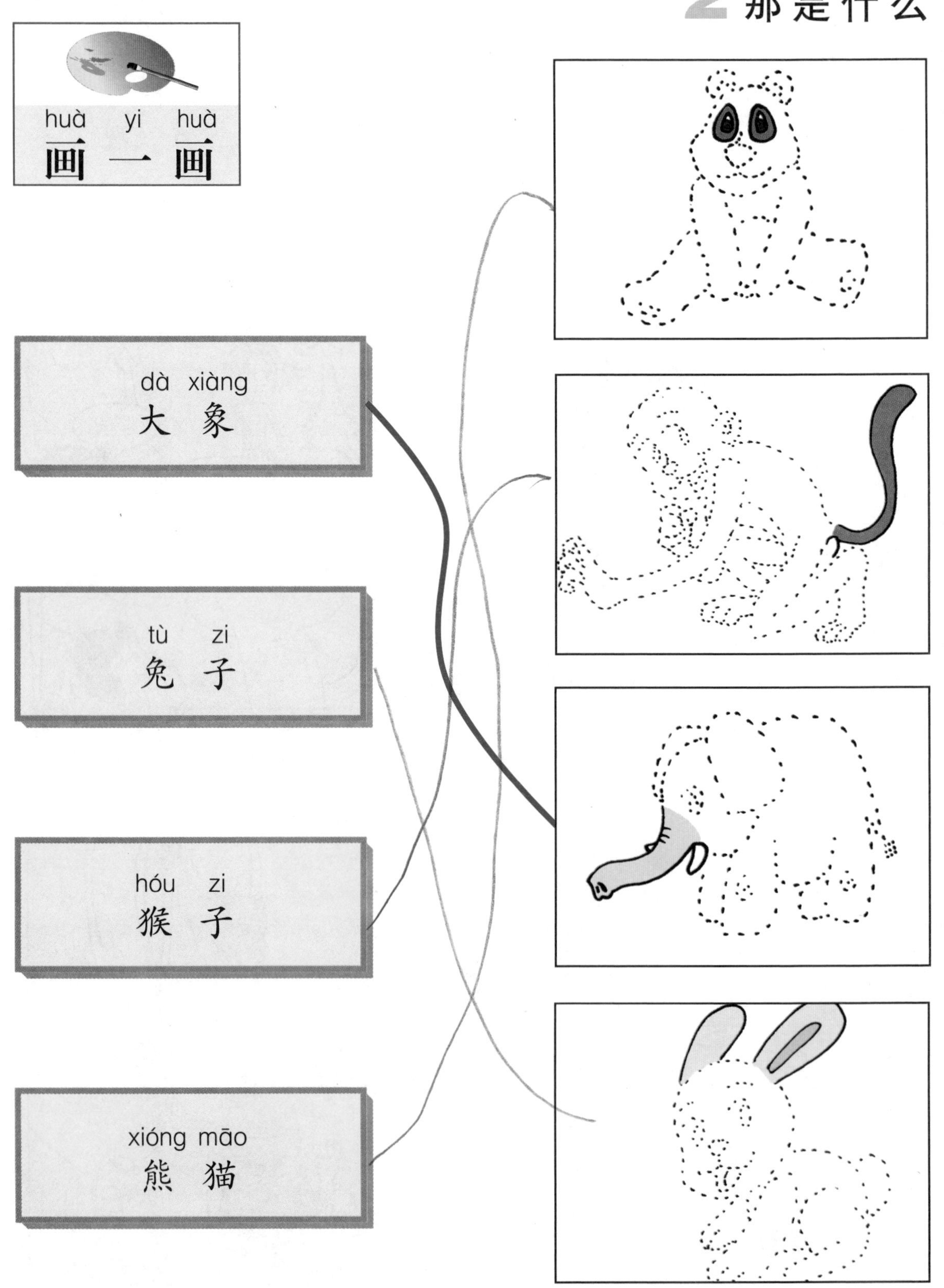

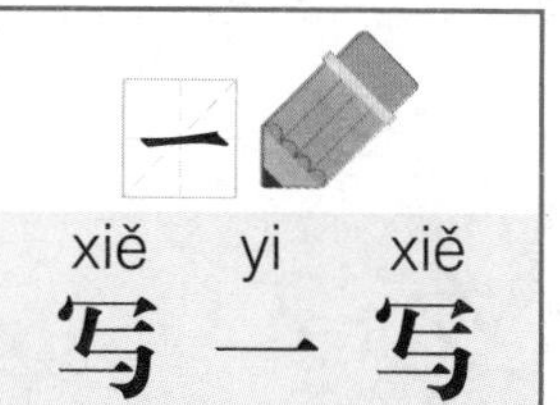

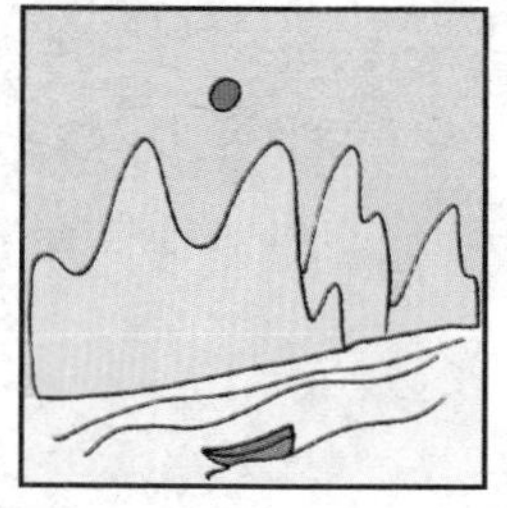

丨	㇄	山				
山	山	山	山	山	山	山
山	山	山				

kè táng huó dòng
课堂活动

nà shì shén me
那是什么？

dà xióng māo
大熊猫

dà xióng māo zhēn jiào dòu
大熊猫，真叫逗，

chuān bái yī dài hēi xiù
穿白衣，戴黑袖，

dài zhe hēi yǎn jìng
戴着黑眼镜，

zhú zi chī bú gòu
竹子吃不够。

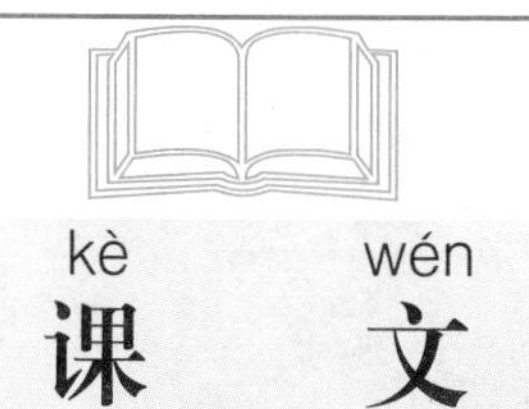

3 你吃什么

nǐ chī shén me

nǐ chī shén me
你吃什么？

wǒ chī píng guǒ
我吃苹果。

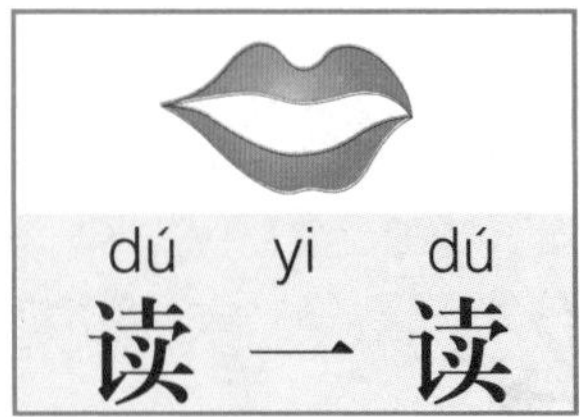

dú yi dú
读一读

wǒ chī píng guǒ
我吃苹果。

dàn gāo
蛋糕

bǐng gān
饼干

xiāng jiāo
香蕉

xī guā
西瓜

shuō yi shuō
说一说

nǐ chī shén me
A：你吃什么？

wǒ chī píng guǒ
B：我吃苹果。

①

②

③

④

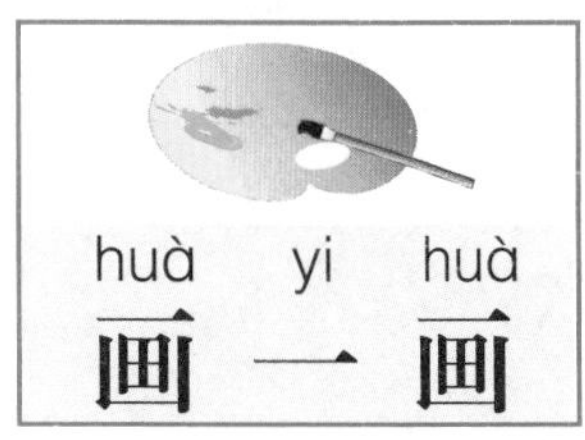

huà yi huà
画一画

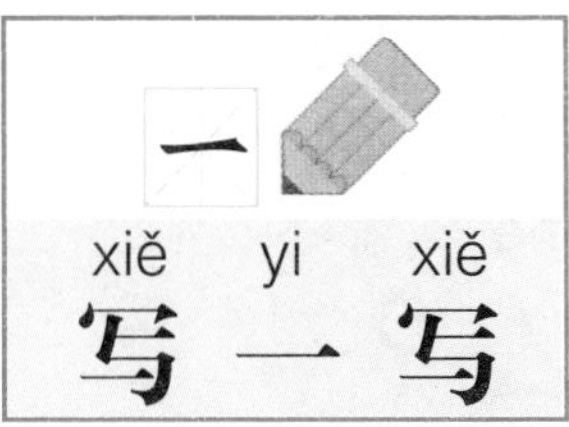

一	十	才	木

木	木	木	木	木	木	木
木	木					

kè táng huó dòng
课堂活动

nǐ chī shén me
你吃什么？

jìng yè sī
静夜思

（唐）李白

chuáng qián míng yuè guāng
床前明月光，

yí shì dì shàng shuāng
疑是地上霜。

jǔ tóu wàng míng yuè
举头望明月，

dī tóu sī gù xiāng
低头思故乡。

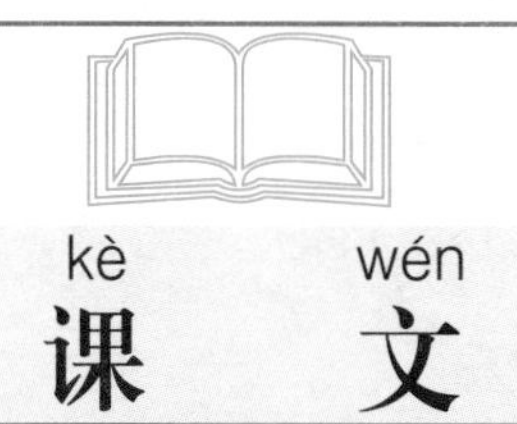

4 我喝牛奶

wǒ hē niú nǎi

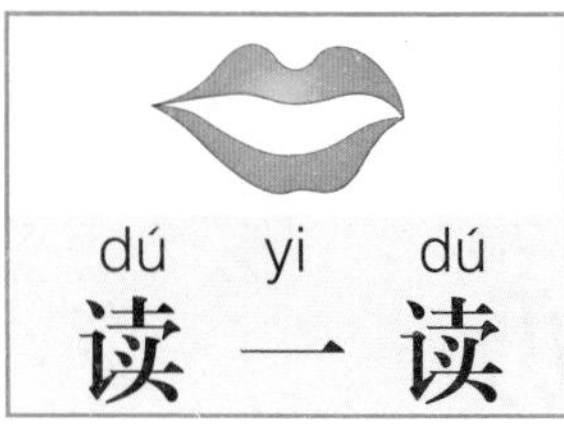

dú yi dú
读一读

wǒ hē niú nǎi
我喝牛奶。

guǒ zhī
果汁

kě lè
可乐

chá
茶

kā fēi
咖啡

shuǐ
水

shuō yi shuō
说一说

nǐ hē shén me
A：你喝什么？

wǒ hē niú nǎi
B：我喝<u>牛奶</u>。

①

②

③

④

huà yi huà
画一画

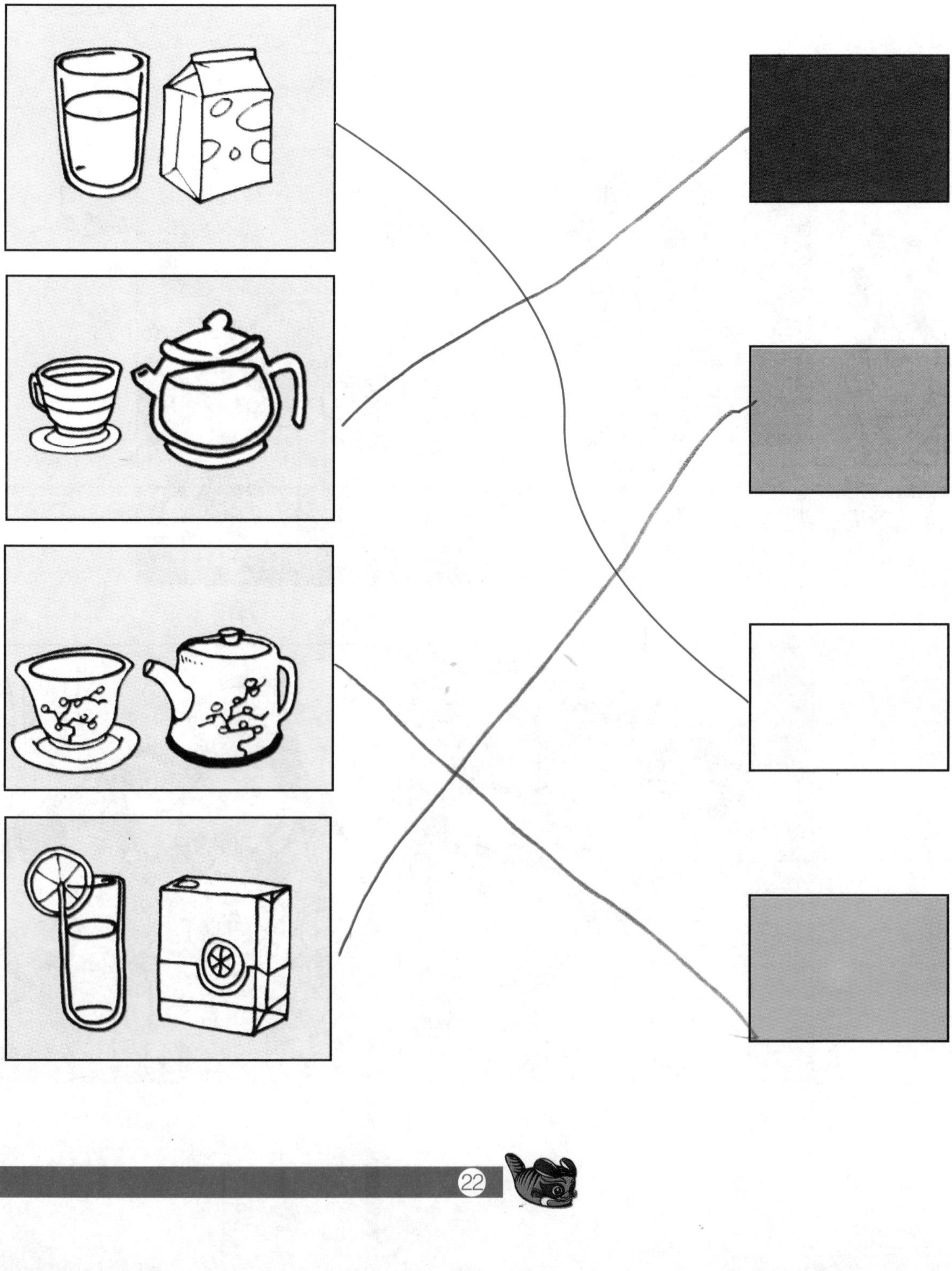

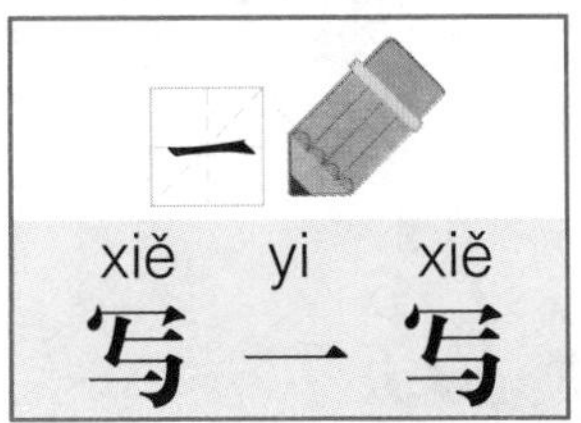

xiě yi xiě
写一写

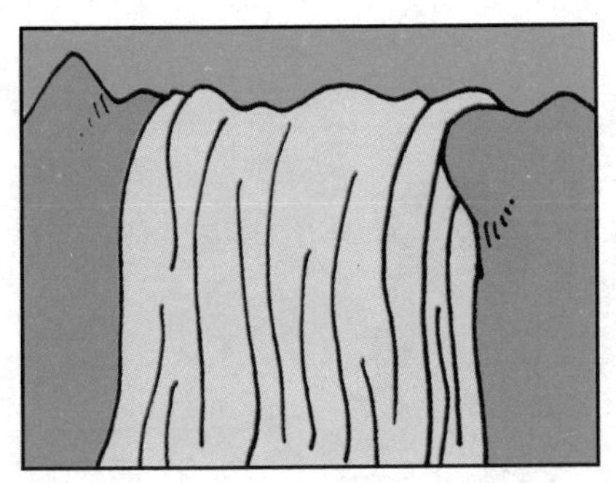

亅	才	水	水

水	水	水	水	水	水	水
水	水	水	水	水	水	水

kè táng huó dòng
课堂活动

wǒ hē niú nǎi

我喝牛奶

hǎo mā ma

好妈妈

wǒ de hǎo mā ma
我的好妈妈，
xià bān huí dào jiā
下班回到家。
yì tiān duō xīn kǔ
一天多辛苦，

kuài lái hē bēi chá
快来喝杯茶。
ràng wǒ qīn qin nǐ
让我亲亲你，
wǒ de hǎo mā ma
我的好妈妈。

kè wén
课文

5 妈妈在哪里
mā ma zài nǎ li

mā ma zài nǎ li
妈妈在哪里？

mā ma zài chú fáng
妈妈在厨房。

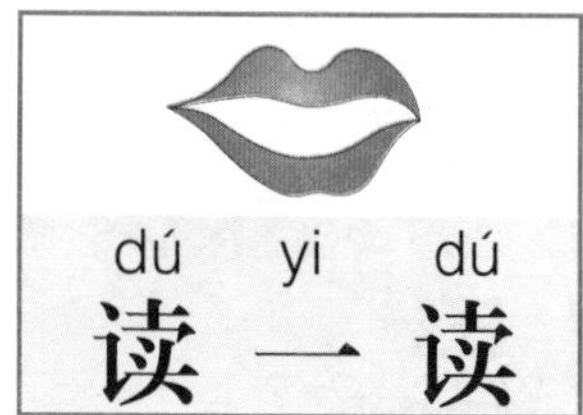

dú yi dú
读一读

mā ma zài chú fáng
妈妈在厨房。

kè tīng
客厅

wò shì
卧室

huā yuán
花园

wèi shēng jiān
卫生间

shuō yi shuō
说一说

mā ma zài nǎ li
A：妈 妈 在 哪 里 ？

① 

② 

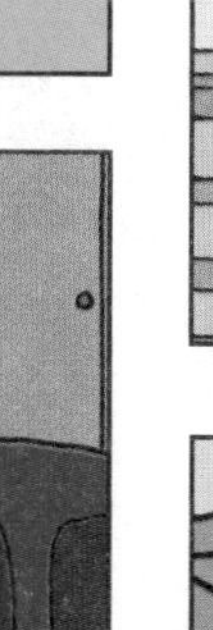

 ③

 ④

mā ma zài chú fáng
B：妈 妈 在 厨 房 。

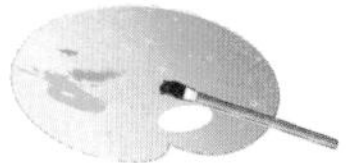

huà yi huà
画一画

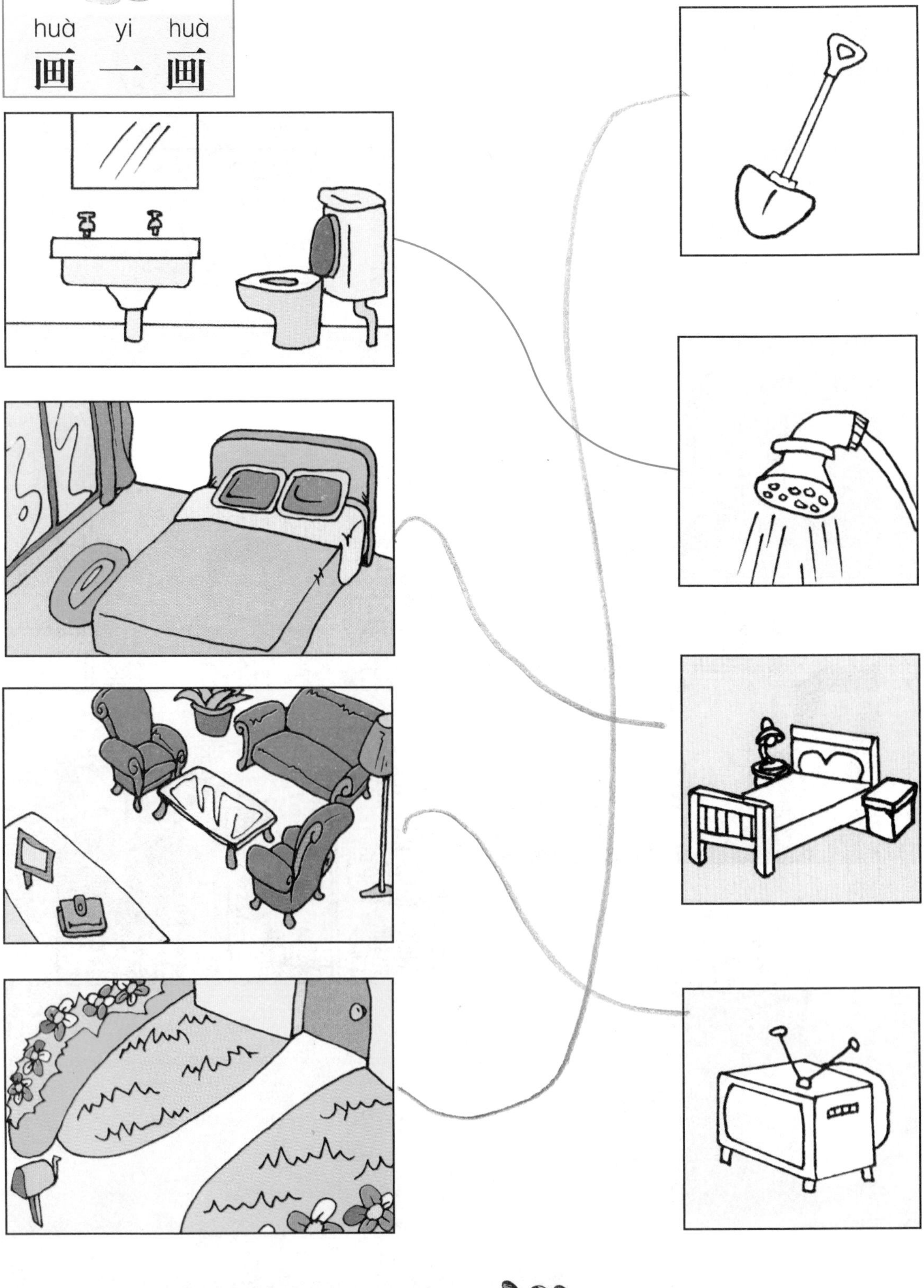

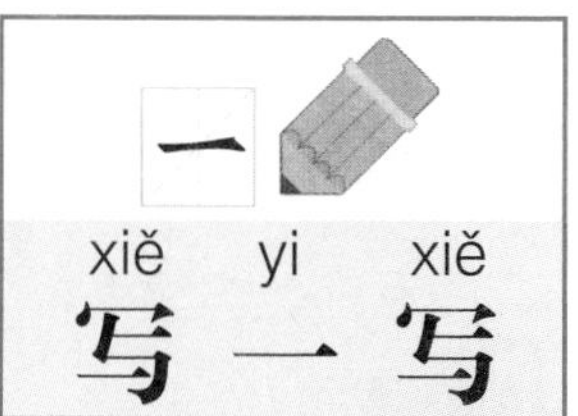

xiě yi xiě
写一写

丿	月	月	月

月	月	月	月	月	月	月

月	月	月				

kè táng huó dòng
课堂活动

tā zài kè tīng
他在客厅

wǒ de mā ma zài zhè li
我的妈妈在这里

1 =F 2/4

欢快地

5 1 1 1 | 1 71 2 |

一 二 三 四 五 六 七，

5 2 2 2 | 2 12 3 |

我 的 妈 妈 在 哪 里，

5 5 5 | 6 6 5 |

在 这 里 在 这 里，

4 4 3 3 | 2 2 1 :‖

我 的 妈 妈 在 这 里。

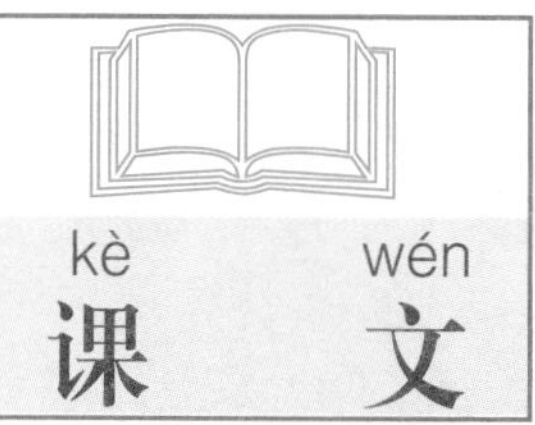

6 nǐ qù nǎ li
你去哪里

nǐ qù nǎ li
你去哪里？

wǒ qù gōng yuán
我去公园。

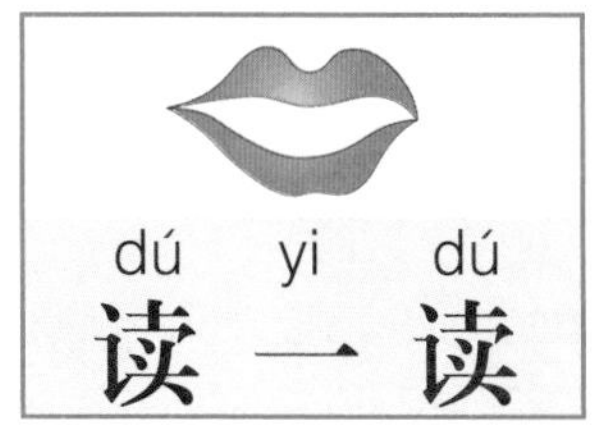

dú yi dú
读一读

wǒ qù gōng yuán
我去公园。

yóu lè yuán
游乐园

chāo shì
超市

diàn yǐng yuàn
电影院

yòu ér yuán
幼儿园

6 nǐ qù nǎ li
你去哪里

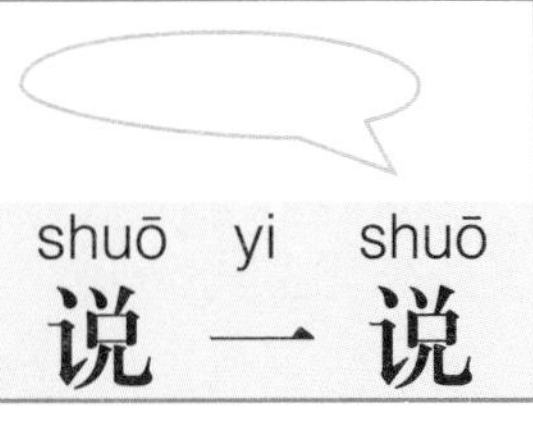

nǐ qù nǎ li
A：你 去 哪 里？

wǒ qù gōng yuán
B：我 去 公 园。

②

①

④

③

6 你去哪里

nǐ qù nǎ li

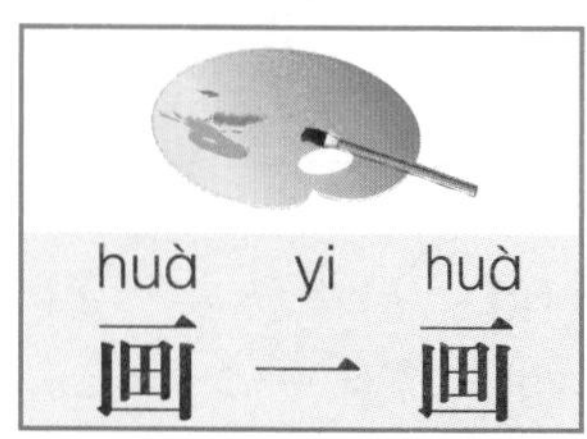

动物园

电影院

邮局

面包店

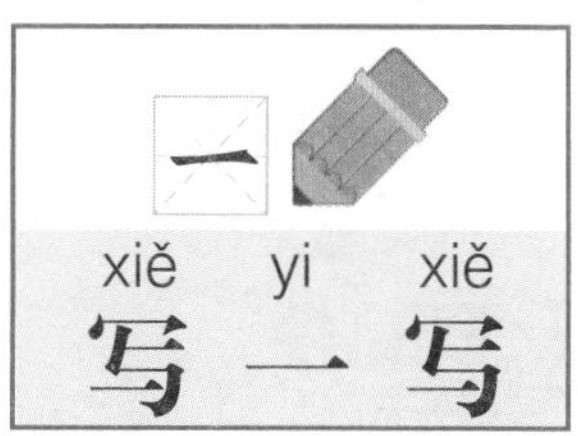
一
xiě yi xiě
写一写

門

丶 门 门
门 门 门 门 门 门 门
门 门 门 门 门 门 门

B

kè táng huó dòng
课堂活动

lǎo shī qù nǎ li
老师去哪里？

yáo a yáo
摇啊摇

yáo a yáo
摇 啊 摇，

yáo dào wài pó qiáo
摇 到 外 婆 桥，

wài pó kuā wǒ hǎo bǎo bao
外 婆 夸 我 好 宝 宝。

táng yì bāo guǒ yì bāo
糖 一 包，果 一 包，

hái yǒu píng guǒ hé dàn gāo
还 有 苹 果 和 蛋 糕。

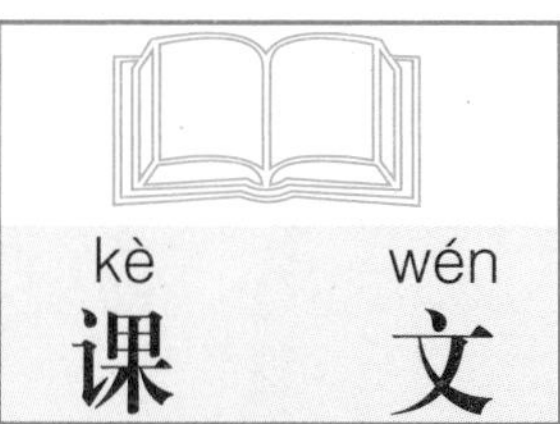

7 你有风筝吗

nǐ yǒu fēng zheng ma

你有风筝吗

nǐ yǒu fēng zheng ma

你 有 风 筝 吗？

wǒ yǒu fēng zheng

我 有 风 筝。

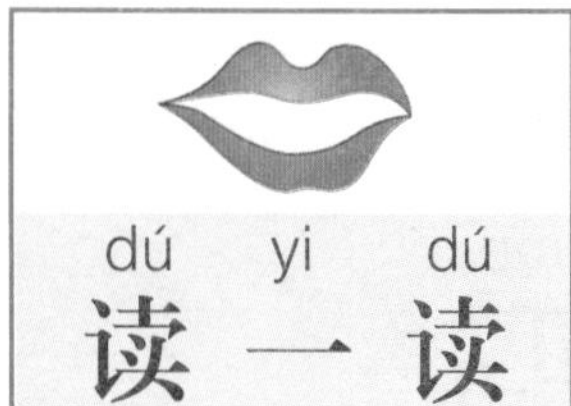

dú yi dú
读一读

wǒ yǒu fēng zheng
我有风筝。

zú qiú
足球

wán jù xióng
玩具熊

bù wá wa
布娃娃

shū bāo
书包

7 nǐ yǒu fēng zheng ma
你有风筝吗

shuō yi shuō
说一说

nǐ yǒu fēng zheng ma
A：你 有 风 筝 吗？

wǒ yǒu fēng zheng
B：我 有 风 筝 。

①

②

③

④

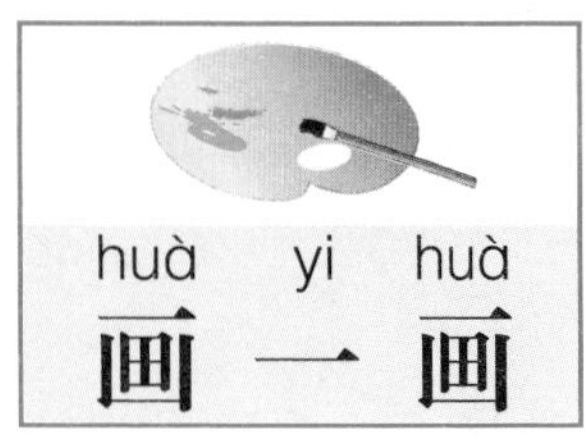

huà yi huà
画一画

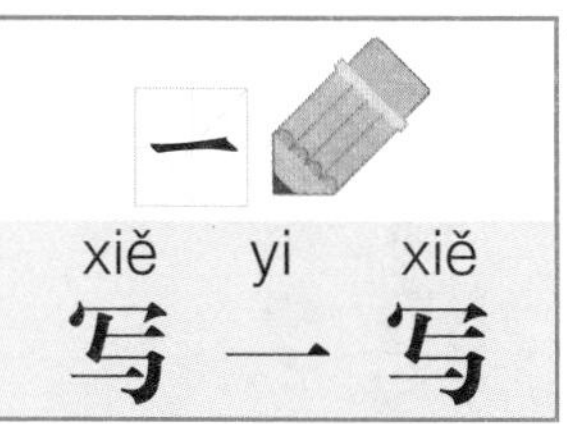

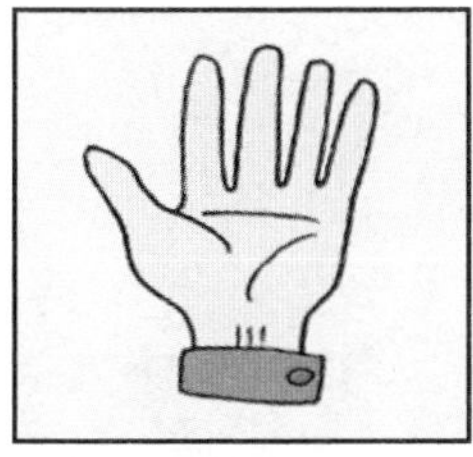

一	二	三	手

手	手	手	手	手	手	手
手	手	手	手	手	手	手

kè táng huó dòng
课堂活动

nǐ yǒu ma
你有……吗？

bù wá wa
布娃娃

bù wá wa hóng zuǐ ba
布娃娃，红嘴巴，

bù chī fàn bù hē chá
不吃饭，不喝茶，

bú huì shuō huà bú huì pá
不会说话不会爬，

zuò zài yì biān xiào hā hā
坐在一边笑哈哈。

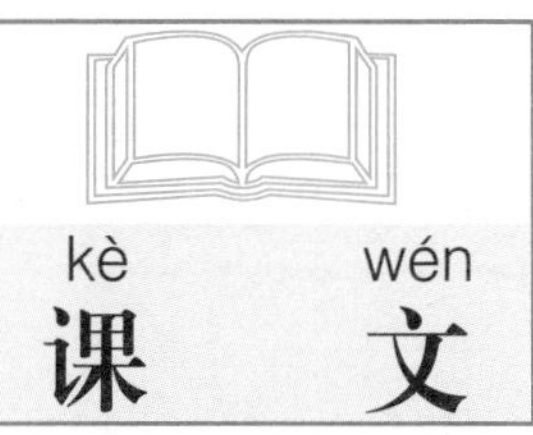

8 我有三个气球

wǒ yǒu sān ge qì qiú

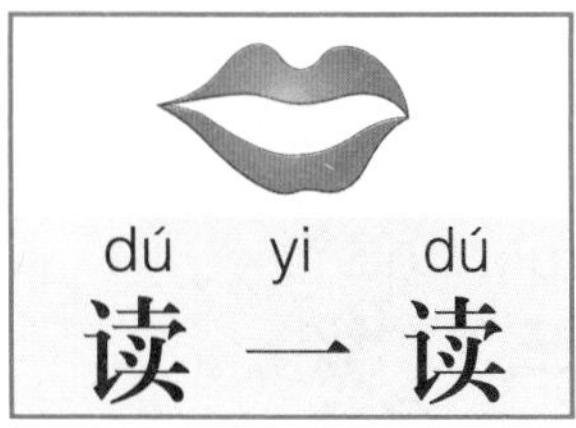

dú yi dú
读一读

wǒ yǒu liǎng ge qì qiú
我有两个气球。

sì ge bēi zi
四个杯子

wǔ ge wǎn
五个碗

sān ge bù wá wa
三个布娃娃

yí ge wán jù xióng
一个玩具熊

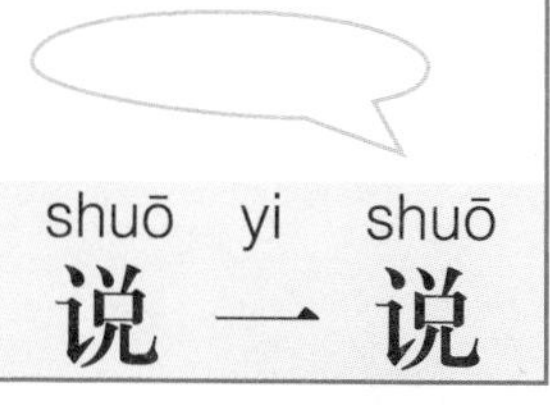

shuō yi shuō
说一说

nǐ yǒu qì qiú ma
A：你 有 气 球 吗 ？

yǒu wǒ yǒu sān ge qì qiú
B：有 ， 我 有 三 个 气 球 。

②

①

④

③

8 我有三个气球

wǒ yǒu sān ge qì qiú

8 我有三个气球

wǒ yǒu sān ge qì qiú

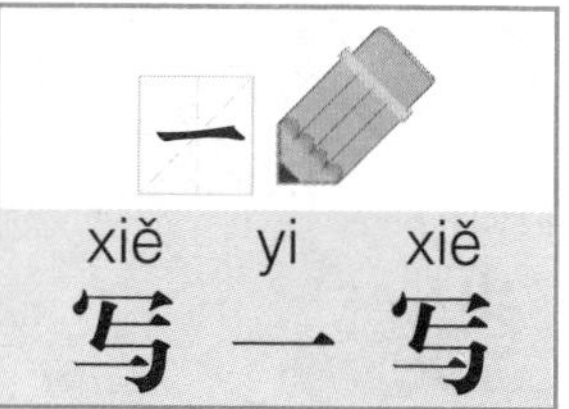

丶 丷 火

火 火 火 火 火 火 火

火

kè táng huó dòng
课堂活动

shǔ yi shǔ
数一数

xiǎo sōng shù
小 松 树

xiǎo sōng shù, kuài zhǎng dà,
小松树，快长大，

lǜ shù yè, xīn zhī yá,
绿树叶，新枝芽，

yáng guāng yǔ lù bǔ yù wǒ men,
阳光雨露哺育我们，

kuài kuài zhǎng dà, kuài kuài zhǎng dà.
快快长大，快快长大。

9 nǐ yǒu jǐ ge píng guǒ
你有几个苹果

nǐ yǒu jǐ ge píng guǒ
你有几个苹果？

wǒ yǒu sān ge píng guǒ
我有三个苹果。

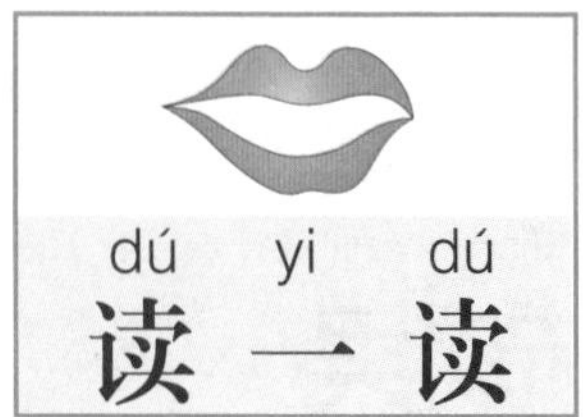

dú yi dú
读一读

wǒ yǒu sān ge píng guǒ
我有三个苹果。

liǎng ge lí
两个梨

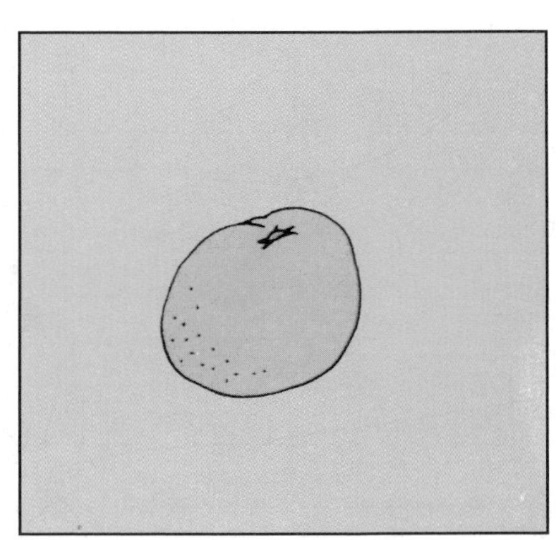

yí ge jú zi
一个桔子

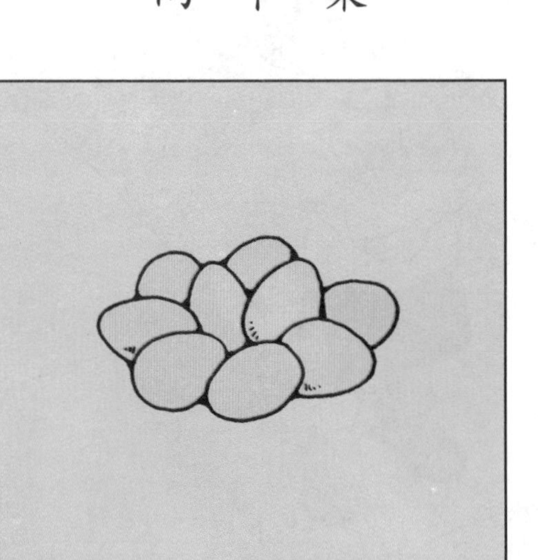

jiǔ ge jī dàn
九个鸡蛋

wǔ ge miàn bāo
五个面包

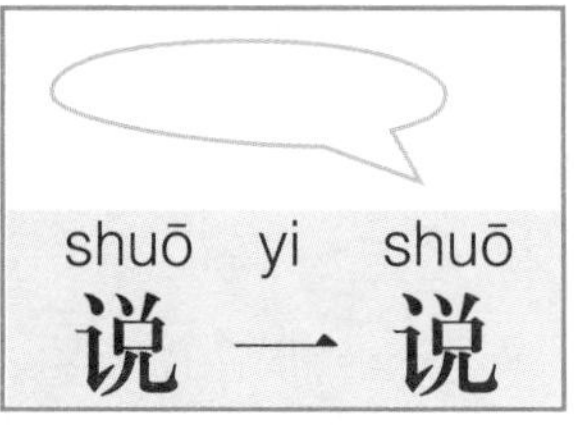

nǐ yǒu jǐ ge píng guǒ
A：你有几个苹果？

wǒ yǒu sān ge píng guǒ
B：我有三个苹果。

①

②

③

④

9 你有几个苹果

nǐ yǒu jǐ ge píng guǒ

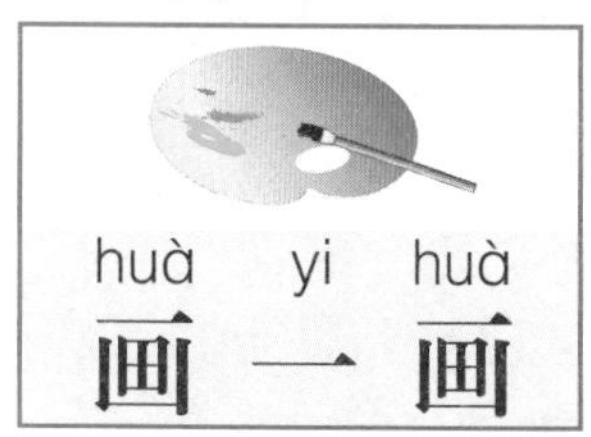

huà yi huà

画一画

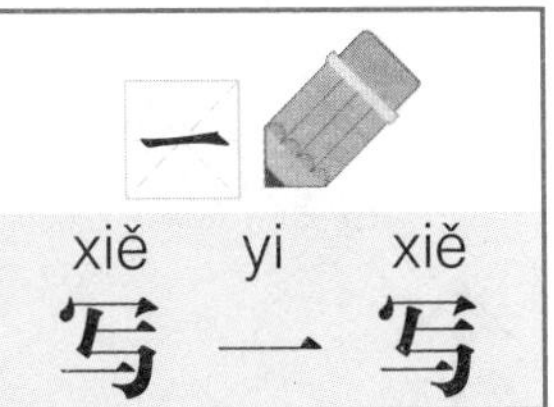
一
xiě yi xiě
写一写

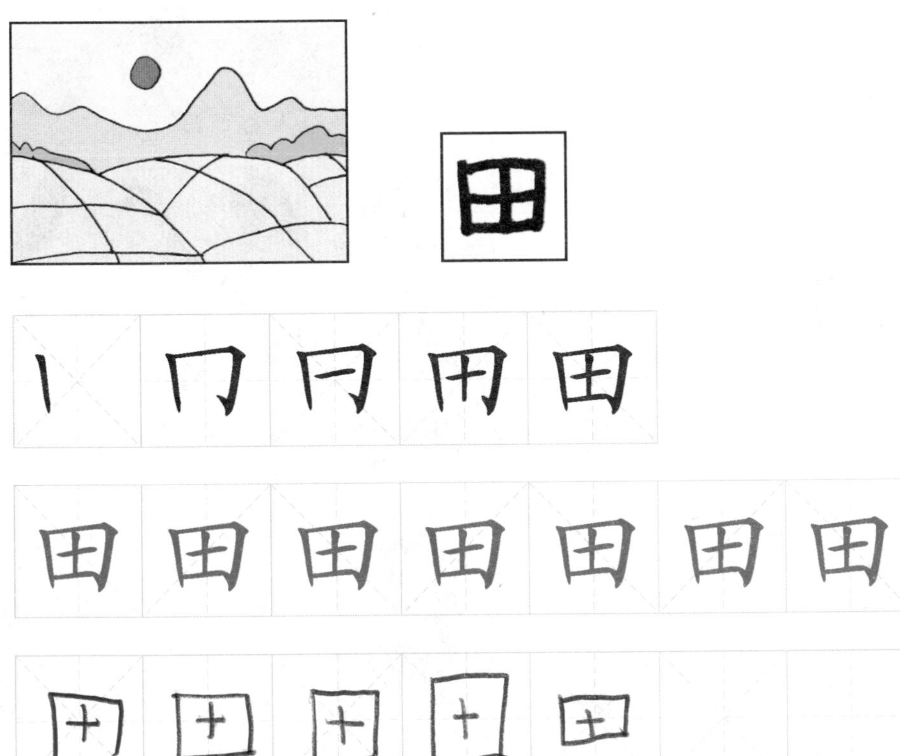
田

kè táng huó dòng
课堂活动

yǒu jǐ ge
有几个

shǔ shù gē
数数歌

yī èr sān, pá dà shān,
一二三，爬大山，

sì wǔ liù, fān gēn tou,
四五六，翻跟头，

qī bā jiǔ, pāi pí qiú,
七八九，拍皮球，

shēn chū liǎng zhī shǒu,
伸出两只手，

shí ge shǒu zhǐ tou.
十个手指头。

10 他有围巾和帽子

tā yǒu wéi jīn hé mào zi
他有围巾和帽子

wǒ yǒu wéi jīn
我有围巾。

wǒ yǒu mào zi
我有帽子。

tā yǒu wéi jīn
他有围巾
hé mào zi
和帽子。

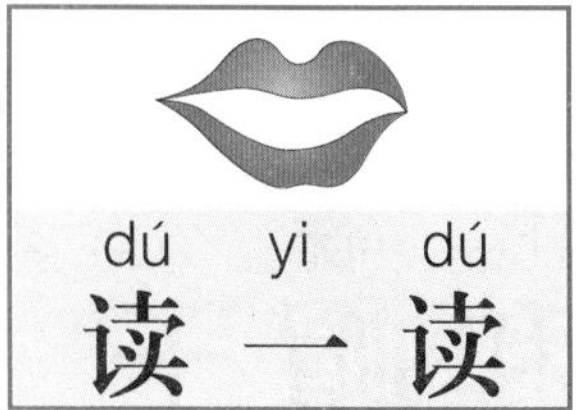

dú yi dú
读一读

wéi jīn hé shǒu tào
围巾和手套。

shū hé bǐ
书和笔

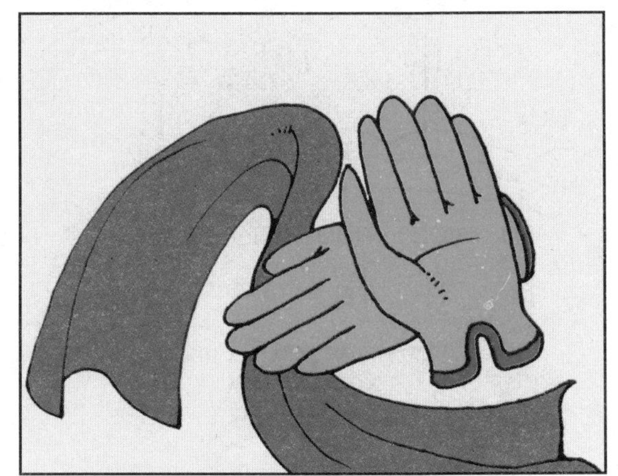

wéi jīn hé shǒu tào
围巾和手套

niú nǎi hé miàn bāo
牛奶和面包

píng guǒ hé xiāng jiāo
苹果和香蕉

10 他有围巾和帽子

tā yǒu wéi jīn hé mào zi

shuō yi shuō
说一说

tā yǒu shén me
A：他(她) 有 什 么 ？

tā yǒu mào zi hé wéi jīn
B：他(她) 有 帽 子 和 围 巾 。

①

②

③

④

huà yi huà
画一画

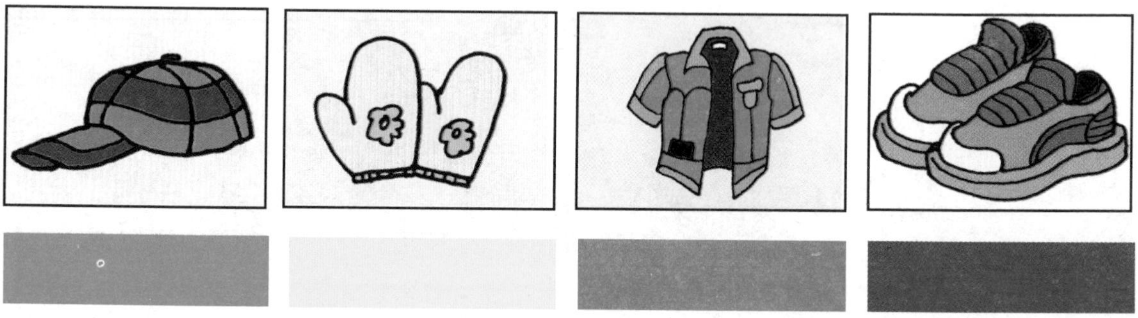

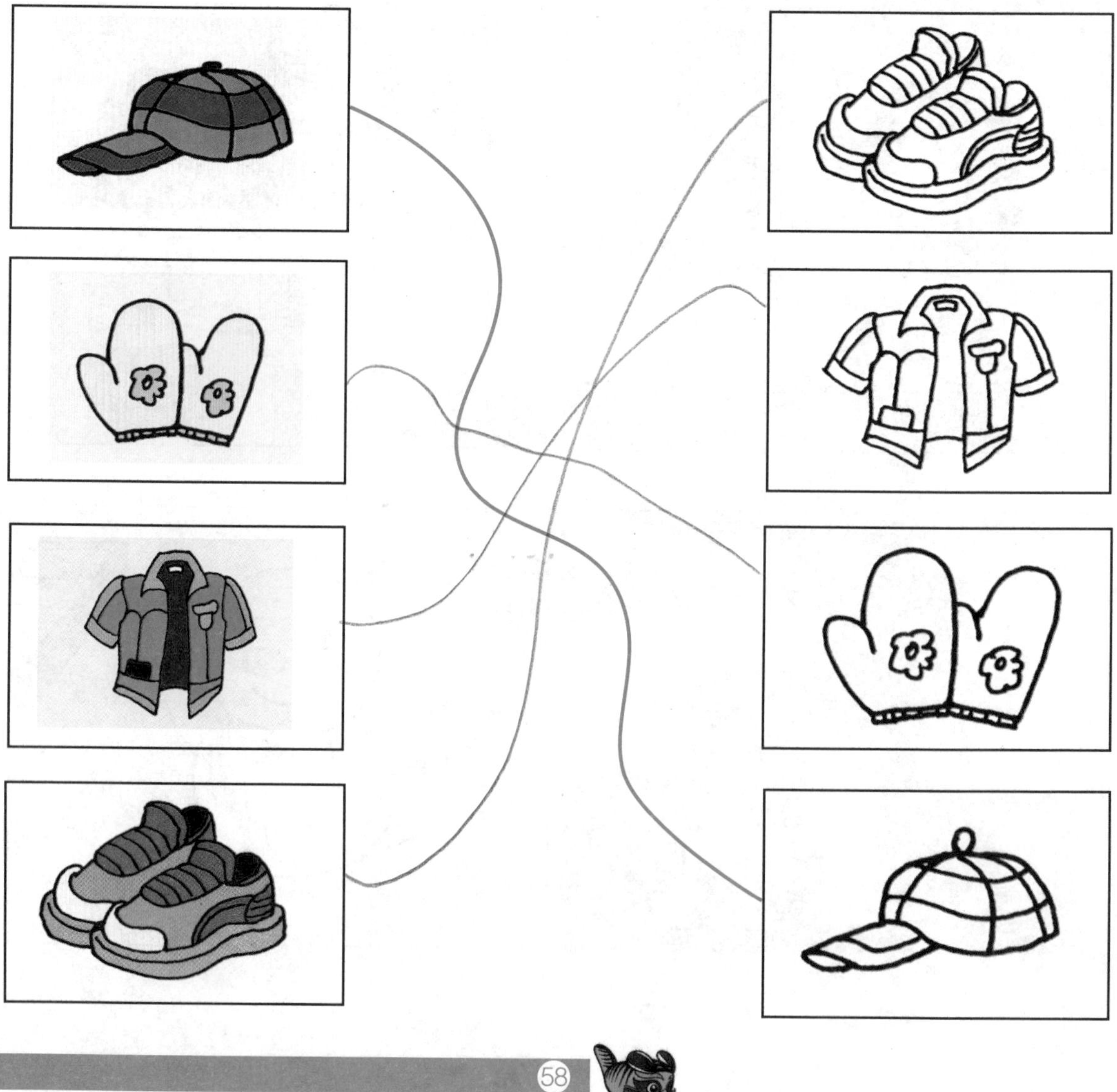

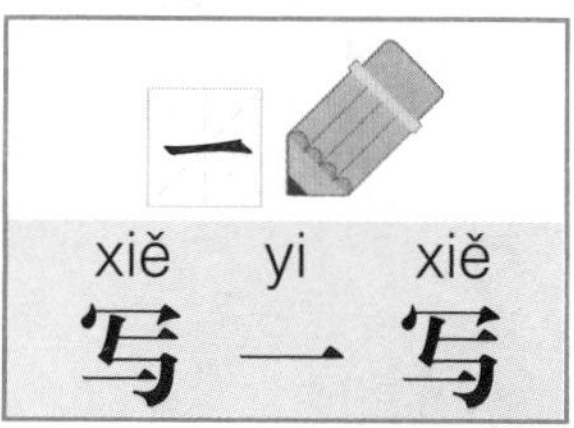

一 丆 丅

雨 雨 雨 雨 雨

雨 雨 雨 雨 雨 雨 雨

雨 雨 雨 雨 雨 雨 雨

kè táng huó dòng
课堂活动

tā yǒu shén me
他有什么？

dēng guàn què lóu
登鹳雀楼

（唐）王之涣

bái rì yī shān jìn
白 日 依 山 尽 ，
huáng hé rù hǎi liú
黄 河 入 海 流 。
yù qióng qiān lǐ mù
欲 穷 千 里 目 ，
gèng shàng yì céng lóu
更 上 一 层 楼 。

词汇表

vocabulary

1

这	zhè	this
电脑	diànnǎo	computer
电视	diànshì	TV set
电话	diànhuà	telephone
冰箱	bīngxiāng	refrigerator
空调	kōngtiáo	air conditioner

2

那	nà	that
熊猫	xióngmāo	panda
大象	dàxiàng	elephant
猴子	hóuzi	monkey
小狗	xiǎo gǒu	little dog
兔子	tùzi	rabbit

3

吃	chī	to eat
苹果	píngguǒ	apple
香蕉	xiāngjiāo	banana
西瓜	xīguā	watermelon
蛋糕	dàn'gāo	cake
饼干	bǐnggān	biscuit

4

喝	hē	to drink
牛奶	niúnǎi	milk
可乐	kělè	cola
果汁	guǒzhī	fruit juice
茶	chá	tea
咖啡	kāfēi	coffee
水	shuǐ	water

5

在	zài	in(at)
哪里	nǎli	where
厨房	chúfáng	kitchen
卧室	wòshì	bedroom
客厅	kètīng	sittingroom
花园	huāyuán	garden
卫生间	wèishēngjiān	toilet

6

去	qù	to go
公园	gōngyuán	park
游乐园	yóulèyuán	amusement park
超市	chāoshì	supermarket
电影院	diànyǐngyuàn	cinema
幼儿园	yòu'éryuán	kindergarden

7

有	yǒu	have(has)
风筝	fēngzheng	kite
足球	zúqiú	football
玩具熊	wánjùxióng	toybear
布娃娃	bùwáwa	toydoll
书包	shūbāo	bag

8

个	gè	(a measure word)
气球	qìqiú	balloon
碗	wǎn	bowl
杯子	bēizi	cup(glass)

9

几	jǐ	how many
两	liǎng	two
桔子	júzi	orange
面包	miànbāo	bread
梨	lí	pear
鸡蛋	jīdàn	egg

10

手套	shǒutào	glove
和	hé	and
帽子	màozi	cap
围巾	wéijīn	scarf
书	shū	book
笔	bǐ	pen